De las cosas pálidas

De las cosas pálidas

Alberto Santamaría

La Bella Varsovia

ANAGRAMA
Primera edición: septiembre de 2025

Editorial Anagrama, S. A. U.
Pau Claris, 172
08037 – Barcelona
http://www.labellavarsovia.com

Corrección:
Júlia Sala Reyes

Diseño de cubierta y maquetación:
Sergi Gòdia

Impresión y encuadernación:
Liberdúplex

ISBN: 978-84-339-4711-6
Depósito legal: B. 4470-2025

Printed in Spain

De las cosas pálidas

¿Es uno flor, delicia, pasatiempo,
felino adormilado, mariposa,
ramas que penden suaves a la brisa,
o el mismo sol insecto rumoroso
que nos circunda? Nada nos parece
que existe fuera, dentro, estar es todo...

Juan Gil-Albert

...que el amor —convenida
la ocasión—
se cobijó en viviendas protegidas

Aníbal Núñez

Toda palidez inexplicable es el recuerdo

Blanca Varela

UNA BELLA DICTADURA INESTABLE

Nunca olvide, querida, que vivir es algo grandioso

Raine Maria Rilke

Observa lo que no entiendes
como un agujero
en la pared

luego estira el brazo

a través de las grietas

busca los cables
las tuberías
percibe
la tensión nerviosa
del pladur

las venas
las voces de la fragilidad

y mira el mundo de nuevo

nada habrá cambiado
salvo
el paisaje

un ojo
te observa
desde la pared

siente el calambre
de esta dictadura

Los hechos han comenzado a independizarse
[de nosotros

a media tarde
por momentos hemos sentido
que el aire
desaparecía
de nuestra lengua

para no volver

un idioma
ajeno
hecho de surcos
y rastrojos

el miedo hurgando en la saliva

aquí
allí
ahora
somos
animales incapaces de nombrar
aquello que nos rodea

¿quién comercia aquí con el silencio?
¿quién muerde nuestra garganta para no gritar?

instalado en su tardanza
el alma tiene su política

su forma de jugar
entre los escombros

a lo lejos
en el descampado
ladra un perro
rodeado
de ortigas y surcos

todo son imágenes
nada más
que imágenes

los coches
que entran y salen
del supermercado

el cartero
que alimenta
la mañana sin deseo

el olor
a legumbre
en el descansillo

entonces
¿hasta qué punto estamos juntos tu realidad y
yo?

los hechos han comenzado a independizarse
de nosotros
a media tarde

sobre la piel de las cosas
una tormenta
—mitad asombro mitad poliéster—

donde hay peligro no crecerá lo que nos salve
dice

son tiempo detenido tus manos sudorosas

en realidad
es esta derrota la que comercia
con el vacío
la que inunda las habitaciones
justo antes de amanecer
¿o acaso somos incapaces de entender
que el desorden
es una forma de esperanza?
la mañana es un inmenso caimán que se
desplaza
torpemente

¿y la vida?

nada parece unirnos a la realidad
salvo el modo en el que ese pájaro
empuja migas de pan
sobre el tejado

juntos observamos su paciencia sobre el rojo
temblor
de las tejas
sus finas patas y la densidad

del aire
es lo único que nos queda
que podamos llamar naturaleza

todo recuerdo es una forma de aislar
la niebla

¿y la vida?

la belleza de un ritmo indescifrable
que asciende
por el patio interior

la aventura de cruzar
sin motivo
tus visiones y las mías

Cada tarde empuja a la anterior
para ocupar su lugar

se arrastra

observamos en nosotros su pereza

nadie adivinó que el fin de lo conocido
tuviese la forma triste y pobre
de quien no puede tocarse

¿qué lenguaje
nos nombra? ¿dónde hallar la cicatriz
que nos une al tiempo?

el pensamiento y la lejía
pesan sobre nosotros
se hacen piel
con nuestra piel

no hay riqueza en un idioma
cuando las ideas vienen rotas
como olas

simplemente sobrevivir así
tumbado en el suelo
orientado hacia todo lo imposible

la pregunta
al llegar la noche
parece simple
¿cómo devolver al horizonte
su ritmo su respiración su forma
frágil y plasticosa?

no son preguntas lo que necesitamos
sino comprender la herida
esta herida

como el cangrejo comprende su mundo
sin nostalgia

¿hay dicha más tierna
que la de no estar solo?

Y MIENTRAS ESPERABA
matemáticamente

dividí
mis pensamientos

a mordiscos

ESCRIBO EN EL MARGEN
de este libro
cada ilusión posee su sombra

aprovecho la mañana
para leer
el *viejo libro sobre los fantasmas*
mientras mi hija
a mi lado
hace ranitas de papel

algunas
saltan

ferozmente

otras nos observan
detenidas
en su mundo

buscan quizá
una explicación
a nuestra quietud

Las voces de los vecinos
son huellas
de animales
que perseguimos

inútilmente

magos incapaces de controlar
las potencias infernales
que hemos conjurado

defendemos
este vacío

nuestro miedo

madura
como la fruta
en lo oscuro

el hechizo era
simplemente
estar

porque estar es todo

Desear es imaginar un huerto
y no saber llegar hasta él

difícil
de esconder
pero sencilla
su pérdida

el mordisco
de una manzana
la huella
que tiembla aún
débil
en filamentos de saliva
alrededor de la boca

perder
todo aquello que solo
por estar en tu cabeza
pesa más que el dolor
de lo que está vivo
y se olvida

estar es todo
dice el santo

Era marciana
tu forma
rojiza
de estar ausente

lo digo
delante de un espejo
y lo repito

los pasos
al otro lado
de la casa
sintonizan
con el deseo

es la nave nodriza
nieve
espejismo y purpurina

era marciana
tu forma
de interpretar
este poema
la fiebre
o el rencor de un albaricoque
aún verde en pleno mayo

ignoras
la relación que existe

entre la lluvia
y el menú del día

repito
delante de una pizarra
que nada anuncia
negro
sobre negro
el destino

sin signos
de vida
tiembla
el tiempo
el sabor
las costumbres

en la puerta del bar

no entender tu propia letra
a estas horas
conquistar un imperio
qué más da

son solo eso
señales inciertas
como ciervos tímidos
en una escena postapocalíptica

existe
marciano mío
—este tú tan yo que se desdobla—

la misma distancia entre no conocer algo
y desearlo
que el camino que hay entre conocer algo
y sorber
con una pajita
todas estas palabras
que te doy
para que no caigas

y regreses

de una vez
de una maldita vez
a este lado
que se parece mucho a ningún lado
que es idéntico a cualquier lado
mi lado

marciano mío

Las ciruelas
limpias
en la nevera
brillan

son un grito

—tu vecina las trajo del pueblo
en una bolsa del Gadis
solo para ti—

te miran
observan
detenidas en el vacío

tus manos
ciegas
palpan

el silencio
de lo que cruje
al cerrar la puerta
de la nevera

este sábado
no hay otra patria
que el deseo

niebla entre frutales

El río atraviesa la ciudad

su lengua turbia
como un idioma perdido
arrastra
todo aquello que no tiene nombre
ni forma
pero sucede

lo observamos
tú
yo
espías anfibios
tras una verde lata
de cerveza
apoyados contra la corteza
de un árbol muerto
sin nada más que hacer
que estar

dóciles como helechos
humeantes

no son algas
dices
con voz de lazarillo
ni este es el lenguaje de los esclavos

observa su trayectoria
ya sabes
la payasada de estar vivo
y creer en las fronteras

el día avanza
aferrado al sentido común
y la disciplina

los perros ladran
los niños corren
chillando
al salir del colegio

empieza a llover
en el pequeño parking
del supermercado

los skaters salen del cobijo
de la gran U que se inunda
despacio

se filtra
el miedo
entre la hierba

entonces
tú
yo
los insectos
hacemos patria
bajo la lluvia

juntos y desarmados
entre escombros y carritos oxidados
que chirrían desde el infierno

así huele el amor
dices
así duele el verano
lazarillo

¿algo de esto nos sobrevivirá?

las flores de tiza pintadas
sobre el asfalto
desaparecen

con nosotros

se escurren
como puntos suspensivos
hacia el centro de la tierra

estar es todo

Palabra no es hueso
leña
hambre a deshora

es tierra
quizá pisada
agujero

madriguera
piel que une deseo
y sueño

sabor a reptil
que se afana en unir
lo que no puede

tocarse

piedra a piedra
una cosa es
lo que buscas

y otra lo que encuentras

nada

he perseguido más
que este idioma
que no entiendo

que me reclama
que me estruja

Vacíos como jarrones
que desconocen
su peso
habitamos esta roca
con la fe
del sol y las lagartijas

mi madre extendía
la toalla
sobre la arena

así nacía el imperio
el verano

ahora
a ciegas
alcanzas a reconocer el peso del amor
en una lata
de sardinas

ahora comprendo
que este vacío no es otra cosa
que
que no es otra
cosa que una

da igual
lo olvidé

desde hoy
soy mayor que mi padre

desde hoy
la noche pesa menos

el tiempo sabe hacer trampas
dar forma a lo que de miseria
tiene el mero hecho
de resistir

soledad esa era la palabra
que buscabas

el salivazo invisible
de los días

Un pájaro huye de mi lado
eléctrico
desconfiado

la paciencia es un error
un mapa
o un agujero

soy ahora el gusano que duda
entre ser carne
o devorarse a sí mismo

hacerse viejo

a la intemperie
entre grúas de metal
y ruidos de ciudad
pequeña

más acá de todo incendio

Aprendieron a vivir
bajo el hormigón

leales
víctimas
eléctricas

formas del equilibrio
de la naturaleza

ellas o yo

pequeñas hebras de la nada

débiles hormigas

nos narran

nos aguardan

Porque existen

lugares
al margen
de la esfera habitual
del tiempo

no construidos

amasijos de hierros
bloques de pisos
descampados

crecimos
y regresamos
nos despedimos
en algún momento

indecisos

hechos de nada
existen
esos lugares

y elevados a la nada
huelen a amoniaco
y a sudor
y a racimos de uvas
junto a la ventana

porque existen
hechos de nada

esos lugares

y a veces
crecen
hablan

escuchan

RESCATAR LO QUE QUEDA
al final del día
apilar hojas de plátano
en la alameda

ponerlas en orden
geométrico
hallar enigmas
donde no hay
márgenes

yo qué sé

esto no son más
que palabras

—*ideológica y aburrida*
regala sexo
alguien ha escrito en la puerta del baño—

sobre el fondo
de una piscina
abandonada

duerme un gato
siempre el mismo
gato

lo asusto
salta
huye

—hasta aquí he llegado
siendo el que mira
y el que se esconde—

perdí el bus aquella tarde
ya lo sabes

los gatos
los escombros
los lenguajes

aunque bien pude haber perdido
todo lo demás

SUENAN LAS PALABRAS COMO CACHARROS
DE COCINA
chocando entre sí
en el fregadero
y el agua corre

metálico el lenguaje

deja en el aire
una especie de vibración nerviosa
fuera de la historia

se desvanece
no quiere irse
permanece un poco más

el sonido

En la confusión
está el descubrimiento

un parpadeo
y un cuerpo ocupa
inesperadamente
lo que antes era

vacío

la confusión
no se elige
es un don

desciende sobre nosotros
como la tormenta

no hay error
que no nazca del orden
dice la fruta

como no hay sombra
que no se arrepienta

de su historia

la charca de cosas pálidas

Luis Cernuda

La arqueología
es parte
del invento

hacer creer
que hubo
un principio

la forma afilada
de una herramienta
la tesela

olvidada
como la piel
de un pensamiento

un hilo de niebla
que se posa
sobre una máscara

arcilla
que alguien
olvidó

sobre esta charca
de cosas pálidas
hace miles de años

ríete de la civilización
occidental
es un chiste

de mariachis y castrati
que van
en un avión

es un chiste
como cualquier
otro chiste

barroco

un museo
no es otra cosa
que la rendición

del mundo
la peluca de las ideas
que como algas

recorren
el tiempo
y el mar

no hay otra salida
muérete bien a tiempo

y recuerda todo esto como un accidente

y que somos tú y yo
y los mariachis
y los castrati

y toda esta soledad
sin centro
ni gravedad
parte del invento

contempla esas patas de cangrejo

cómo se adelantan
excitadas
a tu pensamiento

nunca hubo principio más frío que el verbo

compártelo

VISITAR ESTE PAISAJE ABRASADO que es la infancia hacerla brotar entre escombros y aleros de hierro forjado una cerraja sola creciendo —esa es su lección moral— entre adoquines rotos ofrece su forma alquilada al vacío llantas de camión rodeando un tomatero improvisado junto a las vías del tren la higuera aún en pie absorbe el acre sabor de la tristeza lanzar piedras es lo que queda del pasado lanzar piedras es el pasado   hay una herida que sangra en la acera junto al portal sobrevivir es hallar la derivada del recuerdo   gritar que ya es demasiado tarde

El paisaje es suficiente respuesta a nuestras plegarias las tejas rojas enmohecidas salvajes sobre las que los pájaros se detienen como débiles señales nerviosas del tiempo en los nidos hechos de ramitas y plásticos hay silencio a estas horas no hay lluvia que nos haga perder la paciencia ni percibir error alguno en nuestro recuerdo cuando nos asomamos al ruido de la calle es la calle la que nos olvida feliz de sus propios ruidos la noche salpica con espuma de mar las palabras venosas hechas de alambre la vida se construye así dando palos de ciego es el amor la costumbre de este paisaje que ya es nuestro como la muerte que vendrá susurrando su deseo sobre los tejados rojos y salvajes

EN ESTE TRIÁNGULO
de hierba alta
a un lado
de la autovía

el amanecer es piel
sedienta
de luz

nada crece aquí
que no tenga raíces
de plástico
tallos de cobre

el rocío se deja sentir
sobre la herrumbre
con sabor a sangre en la lengua

el alto humo
de una chimenea cercana
nos eleva

a pesar de la costumbre

somos aquí
parte del paisaje
pálidos turistas
del alambre y el desorden
donde pequeñas palomas

posan sus patitas
—muñones grises
y lentos—
sin esperar nada a cambio

la blanca barba de los plumeros
se mece
de un lado a otro
hipnótica y trágica
su punta
se ennegrece
por el carbón
que el viento trae desde el puerto

es solo eso
una historia más
un grito
algo de salitre

a un lado de la autovía

sigue la línea de puntos
pon el dedo sobre el mapa
pronto lo adivinas

nadie vendrá a rescatarnos

La capa de grasa
sobre el cuadro
es también historia

revela un silencio
hecho de tiras
de cobre

palabras y arañazos
frituras de carne
y calamares

es un cuadro
en el bar
de una estación de autobuses

qué esperabas
sino es acaso esta majestad
sudorosa
que nos acoge

esta jauría de perros
lanzándose sobre un ciervo
solitario
que nunca termina de morir

esta exuberancia forestal
tragedia y moho
en tonos marrón y burdeos

esa es la imagen
sobre el lienzo

eternamente

la capa de grasa
es también historia
derretida
dice hegel

nos sobrevivirá
recuerda
como napoleón
y el vinagre

héroes derrotados
somos
fulanas de lo incomprensible

De las cosas improbables

Esta tarde de domingo
carece de biografía

su única premisa
es el error

crece hacia adentro
ocupa plazas

persigue sombras

se instala
entre la maleza

silenciosa

ahora olvida
el qué
de lo urgente

rompe el cómo

y entra en la mar

inmensa noche

Grandes robles
dispersos
por la llanura

ondulada

la soledad
comprime
el estómago

al caminar

no ha crecido
el fruto
solo para la boca

del vivo

a un lado
una teja rota
alumbra

un pájaro

Este techo alto
y este fluorescente
de mi infancia

el gotelé
como principio moral
no resuelto

estas huellas
son zumbidos
de cristal

sobre la mesa

papeles que se saben
copias
de copias

de copias
sin toma de tierra
sin principio ni fin

crueles como corteza
de roble
mano de carnicero

flor de alambre

una distorsión narrativa
nada más
que crea símbolos

errores
dominantes
algo sin raíces

¿a quién le debo el peso
de tantas inseguridades?

saboreo esta confusión
su masa densa
esta trama que dice

sí
y dice no
que dice espera

y no termina
porque no puede

sigo buscando cadáveres aquí dentro

Estoy hecho
de hilos
de mentiras
de palabras
terrosas

se me escapan
los puntos de fuga

arañas
patizambas
como definición
del pensamiento

tiendo la ropa
huelo sus recuerdos
las pinzas gritan
mi propio dolor

soy lo que no está
y lo que no está
—matemática pura—
es un atajo en la vida

entendida
como un ritual
sin fe ni deseo
como dar vueltas
en el interior de un microondas

observar así la decadencia
amarilla
en destellos crueles
chispazos que hacen crujir
lo que nos rodea

desde este lado
tomo decisiones
sobrealimento
mi culpa o mi vergüenza
gorda
como una rata

no me busques
estoy hecho de hilos
—y ya está—

de mil desastres pequeños

LA MANERA DE HUIR
define
el horizonte

atravieso el paisaje

la vaca
pasta
sobre una categoría

dice el filósofo

da un mordisco
al lenguaje
para crear un orden

en la naturaleza

aquí te espero

Todo lo puede
esta mañana
de enero
si vemos
la amarilla
palidez
de la vespa
del cartero

frente al portal

Siempre ha sido
demasiado tarde
haz recuento

el zumbido de una abeja
moribunda
atrapada
en el pliegue
de las cortinas
como reflejo de algo
el deseo quizá
con forma de gusano
que se alimenta de sí mismo
de su sombra
el geranio en el descansillo
del portal
donde un perro sueña
ovillado
herido
elevado a vaho
nuestro miedo

perdimos teorías y cucharas
de madera
en la mudanza
lo que huele
a podrido
en el cesto

es un grito de amor
entre las manzanas

decir
demasiado tarde
sobre los tejados
del barrio
ha regresado el invierno

esperar

SON ESTAS ORTIGAS
en la cuneta
la única forma
que posee el tiempo
de resistir
en este mundo

te miro te quiero te deseo

junto a la parada del bus
en el descampado
—identidad derretida
viento seco—
el ritual

envejecer
sonámbulo

la ceremonia del azar

sudar en la siesta
juntos
los dos
entre la hierba
abrazados
susurrar
o esperar
en la cola del pan

carece de relevancia
moral esta historia
la nuestra
—cualquiera en realidad—

su peso es el de la respiración
un elefante con forma de cariño

un consejo

la frivolidad
siempre antes
que la nostalgia

LANZAR COSAS
al siglo
restos

de vida
o formas
erróneas de lenguaje

sacudirse delirios
como escamas
sin origen

y volver
al principio

no tiene manos
el daño

ni voz
la herida

El aire tiene su estrategia
ocupa nuestro lugar
dando tumbos

hambre de ideología
lo llaman
olor a fritanga para disciplinar el miedo

donde está el aire
no estoy yo

Al otro lado de la ventana
las ramas

venosas
tiernas

la humedad separa
la carne
del tiempo

la jornada laboral

nos mira de reojo
sin esperanza
sin convencimiento

al otro lado
las ramas

el aire
sabe
a sal

tu cuello

Tomar veneno
es un gesto iusnaturalista
evidente y rancio

al mismo tiempo

la noche lo entiende
todo
regurgita el egoísmo

de los muertos

La playa
en medio

del fetichismo
de la mercancía

me alimento
pasivo
sin intervenir

en la realidad

mira esa gaviota
hace trampas
al viento

¿la perseguimos?

La imaginación
esa pescadera
separa

las espinas
del cuerpo

las escamas
de la locura

sus manos
alegres
palpan

la resina
oscura
de las tripas

las agallas ven el sol
por un momento

la sincopada
dulzura
del cuchillo

alrededor de los ojos
funciona

abre el mundo
en dos
como pan crujiente

cuando la imaginación
ha terminado
con los restos

el poema no guarda ya
ningún parecido
con la realidad

La tristeza
como gesto involuntario
de los músculos

la cara fría
la huella dactilar
que no recuerda

nada

las ideas que se ordenan
débilmente
hiladas

a empujones

el silencio
no es seguro
cuando tiembla

el suelo

La mancha
sobre el mantel
de hule

una nación
sin memoria

su forma
no tiene pasado
ni fin

es solo eso
la patria efímera
de un insecto

idiota

entre migas de pan
desaparece

con nosotros

La terraza del bar
al pie
del bloque verde

junto al portal

ropa tendida
ladrillo visto
sillas de plástico

la paciencia
de una sombrilla
abrasada

por el sol

ciego
un gato se desliza
visto
y no visto

una sombra
líquida
en busca de sombra

al final del verano
el ácido sabor
de la tarde

el rumor de una autovía
cercana

quién pudiera
ahogar
el tiempo

romper su cuello

quedarse ahí
bebiendo
eternamente

COMBATIR LA PUREZA
con el cuerpo

con las garras

sin estructuras
gramaticales

pedir asilo
cambiar de idea

a mitad de frase

el equilibrio
no se mantiene
sin un poco de saliva

sobre la herida
amamos

Estas cosas pálidas

instante enjaulado en sus límites

José Hierro

que nos traiciona
con esperanza

Fruela Fernández

Lo que nos traiciona
posee la esperanza
del mago

que deposita sus errores
en una cajita de madera
para no ver

que el desorden
es la fe
de los tristes o el dogma

de los perdidos

lo que la esperanza
devuelve

es un truco de belleza
este despertar
sin historia

es grito
es lejía
es optimismo de perro

temblor de narco
blanqueando capitales
lo que nos traiciona

posee la esperanza
del leñador
que observa el bosque
como un aliado
de la vida

aguarda

entre sollozos de magos
leñadores
y narcos
tonto como un politólogo

que habla de ciclos
que se abren y se cierran
igual que latas de sardinas

escucha
por ahí viene lo que nos traiciona

presta atención
la moraleja de todo se llama
óxido

o acaso podrías decir
delante de toda esta gente
que la esperanza
es un insecto gigante y venenoso

da igual

ahí viene
no te muevas

escucha su zumbido

Por qué no le cuentas esta historia
ya sabes
la del tiempo su movimiento
epiléptico
la elipsis que funciona a manotazos
y de pronto los niños son mayores
acelerando
es el poema que aparece
justo cuando pierdes
la esperanza y zas
el asfalto
negro chicle masticado por boca de demonio
no me arrepiento
de ser feliz
de la palabra feliz
que tiene hilos negros
algas que se enredan
en la lengua
arcadas y felicidad y los días
fruta equivocada

nada puede narrarse que no sea un regalo

Necesitados de herejías
nos enfrentamos
a un paisaje
de tendales rotos

pintura que se agrieta
con la voz
y el fracaso

mapas que han perdido
su centro

una vez quise hallar
orden
en las formas de la fruta
que en verano
se pudre

lentamente

fue el pesado
idioma
del caos
lo que cegó
mi deseo

necesitados de herejías
sostenemos un mundo
sin saber

que el mundo
es piedra
que sueña
en vano

estar es todo

No tiene sentido explicarlo de otra forma los errores crecen como tumores que se extienden delicadamente detrás de las palabras una pregunta no es más que tu voz cambiando ligeramente de tono comprendí demasiado pronto tus necesidades fue el día que dimos el paseo por el desguace el sol salpicaba la luna de un viejo mercedes benz amarillo era difícil transformar los aullidos en signos reconocibles coches con las aristas oxidadas filos cortantes maleza que nacía enroscando su memoria entre la goma quemada de los neumáticos piedras lagartijas un radiador devorado por la tierra caminabas observando todos aquellos restos e imaginabas todas sus vidas posibles una imagen está llena de rutas dijiste es el pasado que actúa sobre el presente como un grueso taladro una grúa atrapaba todas aquellas piezas y las convertía en pequeños cubos metálicos con un tímido gesto de desprecio cuando regresamos la tarde había convertido nuestra conversación en una estúpida forma de mantener palabras en el aire

(ya sé que no es exactamente esto lo que me proponía contar pero así son las historias que carecen de historia)

A QUIEN NO AMA LA RUTINA le espera un infierno hecho de cajitas de papel de plata todas idénticas ásperas lenguas de gato que parecen decir pero callan sudor de vinagre pegado a la piel o visto de otro modo quitarte los zapatos y dejarlos en un lugar fijo a la espera del comienzo del día siguiente estirar las sábanas igual que se extiende el océano sobre la orilla la resaca de juntar tus nudillos y los míos al doblar el mantel de hule ser cursi que tengas buenas noches que duermas bien llamaré mañana al casero para recordarle que venga a arreglar el fregadero poner el despertador a la misma hora lo atractivo de lo idéntico la calle vacía el golpe de la persiana del vecino al caer la única guillotina que nos queda inclinar el cuerpo para quitarse los calcetines como reverencia al vacío y la lista sería enorme saliva coagulada es la memoria de lo mismo para eso estamos súbditos animales figuritas frágiles somos en la feliz miseria de los demás

Despedirse de la playa
con gesto
de encina

la arena trisca en la boca
al decir adiós

Confundiste a una monja
con una sombrilla
en alba de tormes

lo excesivo
se comprime
al rozar la idea

y regresar al cuerpo

los techos altos
de esta iglesia
descienden

en dirección opuesta
al recuerdo
caminamos

medimos el peso
del verano
en aleteos de cigüeña

por minuto

confundiste una sombrilla
con una monja
a media tarde

no era necesario contarlo
y sin embargo

En qué momento
la imagen
es vacío y es presencia

no lo sé

de cerca
intuir
es preferible a comprender

por eso
miramos
el mar

o la hierba

como se contempla
un cuerpo
en la memoria

sin precisar

el ritmo
la melodía
la intensidad

en qué momento
la imagen
muerde

astilla
sin más

hasta desgarrar
lo inevitable
la frontera

éramos minúsculos
pero también
adivinos

pierde
dice el refrán
y aprenderás a buscar

Que sean ellos los que construyan
[el drama

no hay
no puede haber
novela sin cadáver
sin pruebas
en la vida no existen
las paradas
innecesarias
la realidad
—una malla de hechos
piel sedosa de cacahuete—
no surge hasta que uno
no une
los puntos
de pronto
lo que no estaba
está
es preciso respetar
lo que desechamos
lo que imitamos
el esfuerzo
la basura
el punzante chirrido de la puerta
escucha
a veces se abre

a veces niebla

Que no vengas a decirme que no
vengas
si el tiempo es gris
date la vuelta
sigue la línea
el camino
hasta convertir
la grieta
en una herida
y que de ella broten
pequeñas dictaduras
caricias
totalitarias
como deben
ser todas las formas
del amor
y la costumbre
que no vengas a decirme que no
vengas
si no es para decir
que del río salen
lagartijas
que se posan
lánguidas
sobre el musgo
peludo
y dentado

como tú
tiranía de sombras y saliva

pero no vengas a decirme que no
porque a mi cabeza
ha retornado
algo escondido
mi madre
—y otra vez esta imagen—
estirando sobre la arena la toalla
de naranjito
y nosotros comiendo
felices antipatriotas
un bocadillo
de mortadela
y entendiendo
entre el papel de plata
y la miseria iluminada
que la vida
no es más que eso
nada más

una bella dictadura inestable

La vida tenía otra forma

no había campanarios
ni piedras

y los pájaros no se detenían
ni posaban
como humo
sobre estos largos
canalones
de metal oxidado

la vida tenía otra forma
la tuya y la mía

no hay futuro
en este barrio
decía una voz
junto a la furgoneta
de los helados

la vida tenía otra forma
algo así como una detonación
inesperada

Deshacer el nombre

la tesis es comunicar
sin deseos

es decir
dolor abierto
como paraguas

decir es
sabiduría encerrada
en hilos de baba

¿de dónde viene ese ruido beige pálido?
no es cosa tuya
no es cosa de nadie

grita la televisión

asombra entonces
entender
la vida como la trampa que es

la proletarización
costumbre de ciegos
dando palos al aire

qué ganas de arruinar mis horas contigo
qué ganas
qué ganas
de no hacer pie dentro de tus costumbres

Y DE PRONTO
el picotazo del granizo
que golpea
la ventana
en verano

todo lo llena con su fuerza
milímetro a milímetro
durante un instante

apenas esperamos
que se derrita
sobre el asfalto
como negro recuerdo
aparece el silencio
en el aire
del polígono

el suelo
se ilumina
es un breve desierto encendido
casi bíblico
huele distinto
el éter de la pobreza
es un grito blanco
rodeado de tiras de cromo oxidado
que arden
y flotan por un instante

antes de desaparecer

mala hierba
neumáticos
mitología sin orden
que nos mira
desde el futuro

bidones
cubos de peltre sin asas

se detiene el tiempo
y regresa
hipnotizado el paisaje

hay algo en esta tarde de granizo
entre colillas
y envoltorios de helado
que da sentido
a todo lo que antes era
—por tímido y por prohibido—
el placer de la miseria

Intentó perderse en la música
pero no pudo

dejarse ir
es un lujo
desigual y combinado

sobrevivir
o caer
entre lo hecho
y lo por hacer

fronteras finísimas
como agujas de ganchillo

pero a lo que iba

el autobús atravesaba
avenidas
parques vacíos y poco
iluminados
las hojas de los grandes plátanos
envueltas en finas
capas de hielo como crujientes
piezas del pasado
permanecían detenidas
en el aire

intentó perderse en la música
pero no pudo

mientras tanto
aquí
en el estómago ácido
de la noche
pensó
que el olor de otros
cuerpos
cargados de sueño
y acetona
arañaba
desgarraba
todo aquello que encontraba a su paso

y le gustó

cerró los ojos
para distraer su atención
y surgió una imagen
inesperadamente

próxima parada / *next stop*

el bus llega a provincias
que no deseas conocer
dijo una voz

abultada
tabacosa
como un poema inédito que nadie ha pedido

y luego dijo
la noche
es por siempre vehículo de lo inestable

No hay obligación
en un poema

hay un tallo
y la minúscula tentación
del vacío
que nos orienta
débil
pero incansable

nada nos obliga
a descender
esta
escalera
que no es la del conocimiento
ni el sueño de jacob
sino el ruidoso
cansancio
de la madera
que cruje
en dirección al sótano

si estás aquí
nada nos parece que exista fuera

Hay algo en la tormenta

un verde tú
equivocado
que espera

una ciega sabiduría

un olor
a piel quemada
tras la lluvia

un color gris elefante
que nos señala

hay algo en la tormenta

hacia allí la nada
florece
un desfile
de patos salvajes
sobre el río sin agua

uno tras otro
paso firme hacia el vacío

hay algo en la tormenta

herencia
arena

un verde tú
que reclama lugar
y cuerpo

y sin embargo

solo encuentra cosas

Es la intensidad un nombre
aquello que de pronto
oculta
lo ya visto

observa

la niebla
que poderosa
se mantiene
firme
sobre el hormigón

habla

la lengua
de lo efímero

su voz
recuerda

el hilo
y su costumbre

A MEDIO COMER
el mirlo
abandona las migas
de pan
a un lado
las tuercas
los círculos
inexplicables
la ceniza
hierbajos amotinados
como crestas de gallo
entre baldosas

desde abajo

nos mira
el mirlo
picotea el suelo de la terraza
—asciende lechoso
desde el piso inferior
olor a cebolla frita—
pertenece a la música
su don
para adivinar
el fin del mundo

luego se posa

hilo de cobre

Lo inexacto
persigo

su claridad

Instante enjaulado en sus límites
atiende

esto es un árbol
y eso de ahí es el equilibrio
del mundo
nada
quedará de lo que observas
salvo
el instante

enjaulado
siento la muerte
como un decorado

las manos que empujan
el carro de la compra
las manzanas

manazas

amontonadas
neuróticas
disléxicas
pienso en las algas

y en el deseo

instante enjaulado en sus límites
atiende

tú eres
el equilibrio del mundo

ignora el peso de las sombras

Al final de la calle
en el bar new york
cerca del puerto
compraba gusana
con mi padre
antes del amanecer
íbamos a pescar
la dueña
entre borrachos
y putas
sonreía
hurgaba metiendo las manos
en una caja de cartón
y nos vendía la gusana
envuelta
en papel de periódico

no es más que eso

un recuerdo
este recuerdo
las manos
de arena gris
pegajosa
turbia
y el sonido del motor
de la nevera
el cuerpo
lento

que se estira
y se contrae

antes de morir

estar es todo

Los ácaros dominan
lo que olvidas
el poliéster
lo improbable

al otro lado
de las cortinas
el descampado

la biblia

otro blues castellano

al arrancar un cardo
me he manchado de plata

Aníbal Núñez

Nota final

Un libro de poemas implica deudas con vivos y con muertos. En este caso hay deudas, apropiaciones y desvíos de poetas que me han ayudado a avanzar (y a existir): Luis Felipe Vivanco, Elisabeth Bishop, Blanca Valera, Novalis, José Hierro, Juan Gil-Albert, John Cheever, Luis Cernuda, J.G. Ballard, y seguro que más que no recuerdo.

Los poemas que componen este libro se escribieron en Salamanca entre marzo de 2020 y marzo de 2025, y están dedicados, sin excepción, a Sara, a Olivia y a Pablo. Estar es todo.

Índice

Esta primera edición
en **La Bella Varsovia**
de **De las cosas pálidas**,
de **Alberto Santamaría**,
se terminó de imprimir
en Barcelona
el 1 de septiembre de 2025.

¡Ojalá te haya interesado esta lectura!
Si ha sido así, te animamos a compartirla
en tus redes sociales.
Tenemos perfiles como @labellavarsovia
en Facebook, Instagram y X.
Y en nuestra web, labellavarsovia.com,
encontrarás información
sobre todos nuestros libros.